Libro de actividades de la ley de la atracción

Cómo elevar tu vibración en 5 días o menos para manifestar la vida y la abundancia que mereces

Por Elena G.Rivers

Copyright Elena G.Rivers © 2019, 2021

© Copyright Elena G. Rivers 2021, Todos los derechos reservados

ISBN: 978-1-80095-101-3

Aviso legal:

Este libro está protegido por derechos de autor. Es solo para uso personal.

Todos los derechos reservados. Ninguna parte de esta publicación puede ser reproducida, almacenada en un sistema de recuperación o transmitida de ninguna forma o por ningún medio, ya sea electrónico, mecánico, de fotocopia, de grabación o de otro tipo, sin el permiso previo por escrito del autor y de los editores. El escaneo, la difusión y la distribución de este libro a través de Internet o por cualquier otro medio sin el permiso del autor es ilegal y está penado por la ley. Por favor, compre solo ediciones electrónicas autorizadas, y no participe ni fomente la piratería electrónica de materiales con derechos de autor.

Aviso de exención de responsabilidad:

Tenga en cuenta que la información contenida en este documento tiene únicamente fines educativos y de entretenimiento. Se ha hecho todo lo posible para proporcionar información precisa, actualizada y completamente fiable. No se ofrecen garantías de ningún tipo, ni expresas ni implícitas. Los lectores reconocen que el autor no se dedica a prestar asesoramiento legal, financiero, sanitario, médico o profesional. Al leer este documento, el lector acepta que bajo ninguna circunstancia somos responsables de cualquier pérdida, directa o indirecta, que se produzca como resultado del uso de la información contenida en este documento, incluyendo, pero no limitándose a errores, omisiones o inexactitudes.

Contenidos

Introducción 5

Día 1 8

La energía de la vida y sus manifestaciones 8

Día 2 17

La naturaleza del pensamiento 17

Día 3 29

Meditación 29

Día 4 39

Resistencia y aceptación 39

Día 5 44

El valor para ser tú mismo 44

Conclusión 49

Más Libros por Elena G. Rivers 51

Introducción

Tengo una pregunta para aquellos que buscamos enseñanzas espirituales o técnicas de empoderamiento personal. ¿Por qué lo hacemos? ¿Por qué buscamos estas enseñanzas y prácticas? De hecho, ¿por qué buscamos cualquier cosa en la vida?

Independientemente de cómo respondamos a estas preguntas, la razón fundamental para buscar cualquier cosa es porque creemos que seremos más felices si logramos obtenerla.

Permitan que os plantee otra pregunta. ¿Qué es la felicidad? Además de ser una emoción o la experiencia de sentirse bien. ¿Qué es? ¿Dónde viene? ¿Cómo podemos esperar alcanzar la felicidad si no conocemos su naturaleza?

El problema que encontramos la mayoría de nosotros al intentar ser más felices es que tratamos a la felicidad como si fuera una mercancía. Podemos decirnos cosas como:

- "Cuando encuentre la relación adecuada, entonces seré feliz".
- "Cuando gane suficiente dinero, entonces seré feliz".
- "¿Cómo puedo ser feliz teniendo en cuenta lo que he vivido en el pasado?".
- "¿Cómo puedo ser feliz viviendo de esta manera?".

Independientemente de lo que nos digamos a nosotros mismos, la mayoría de nosotros hemos condicionado la felicidad que deseamos a que hagamos o logremos algo.

Incluso aquellos que tienen una mentalidad espiritual pueden caer en esta trampa. Un ejemplo sería la ley de la atracción. Muchas personas **se frustran** al no poder manifestar sus deseos porque han caído en el mismo tipo de pensamiento. Empiezan a dudar de sí mismos porque sus experiencias no coinciden con sus expectativas.

Este libro de actividades trata de profundizar más allá de la búsqueda de la felicidad. Se trata de **desarrollar una comprensión de la fuente** que afecta a todos los aspectos de nuestro ser.

El aspecto al que me refiero es **nuestra frecuencia vibratoria**, también conocida como nuestra fuerza vital. Este libro te dará un **plan de cinco días** para elevar tu frecuencia vibratoria, de modo que puedas experimentar espontáneamente lo que deseas, en lugar de intentar conseguirlo.

Día 1

La energía de la vida y sus manifestaciones

Cuando hablo de "vibraciones", me refiero a la energía.

Todo lo que experimentas, ya sean tus pensamientos, sensaciones o sentimientos, está hecho de energía.

En el nivel más fundamental, todo lo que existe es energía. En el nivel más fundamental, es todo en uno. Tú, este libro que estás leyendo y el objeto sobre el que estás sentado son una misma cosa.

Solo en nuestro nivel actual de conciencia, tú y yo parecemos existir como entidades separadas del resto del mundo.

No podemos experimentar esta energía en su forma más pura. Sin embargo, podemos experimentar sus expresiones. Nuestros pensamientos, emociones y sentimientos son una manifestación de esta energía. Nuestros cuerpos físicos, que también son una manifestación de esta energía y nos permiten experimentar la vida.

Por ello, la forma en que nos sentimos y la manera en que experimentamos el mundo que nos rodea son directamente proporcionales al **grado de alineación** que tenemos con la fuente de esta energía, a la que a menudo se hace referencia como el universo, la conciencia superior, tu yo superior o Dios. Cómo llamemos a esta fuente es irrelevante. Sin embargo, la forma en la que nuestras vidas están alineadas con esta fuente es extremadamente relevante.

Como ya hemos dicho, nuestros **cuerpos físicos** nos permiten experimentar la vida, tanto nuestro mundo interior como el exterior. La información que obtenemos de nuestras experiencias se expresa en forma de pensamientos.

A diferencia de los sentimientos, los cuales son una conexión directa con la **fuente de energía**, nuestros pensamientos son nuestras interpretaciones únicas de nuestras experiencias. Nuestras emociones son las expresiones tangibles de nuestros pensamientos.

En otras palabras, si estás experimentando los sentimientos de amor o felicidad, es porque estás teniendo pensamientos de la misma naturaleza. Si estás experimentando emociones de miedo o ira, estás experimentando pensamientos de la misma naturaleza.

Es importante señalar que los pensamientos que experimentas NO son tus pensamientos.

Simplemente atraes los pensamientos hacia ti mismo, lo cual es una función de la ley de la atracción. Para entender mejor esto, vamos a echar un vistazo a una teoría conocida como el **sistema de conciencia mayor**.

La fuente de todo lo que experimentamos es la conciencia pura. La conciencia pura es energía pura que está libre de pensamiento o de cualquier forma de experiencia. La naturaleza de la conciencia pura es una potencialidad infinita, lo que significa que puede expresarse de innumerables maneras.

Nuestros cuerpos físicos, mentes y pensamientos son solo algunos ejemplos de las expresiones de la conciencia pura. Lo que esto significa es que somos seres multidimensionales en el sentido de que somos seres físicos y conciencia pura simultáneamente.

Somos conciencia manifestada en forma física. Tener una estructura física nos permite experimentar el mundo.

La información de nuestras experiencias, generada en forma de pensamiento, informa a la conciencia pura, que a su vez, crea nuevas experiencias o manifestaciones que son consistentes con el conocimiento que ha obtenido de nosotros.

Cada pensamiento que se ha experimentado o se experimentará alguna vez es un aspecto de lo que frecuentemente llamamos la conciencia colectiva, también conocida como **el Registro Akashi.**

Lo que experimentas como "tus pensamientos" entra en tu experiencia por tu acceso a la **conciencia colectiva.** Hay un pensamiento que es inherentemente tuyo, el pensamiento de que "yo existo". Todos los demás pensamientos son energizados por este único pensamiento. El pensamiento del "yo" energiza otros pensamientos al darles tu atención.

Nuestros sentimientos son nuestra **conexión directa con la fuente de energía**, también conocida como conciencia pura. Cuando nos involucramos con nuestros pensamientos, perdemos nuestro alineamiento con la fuente de energía. Cuando aprendemos a confiar en nuestros sentimientos, experimentamos la alineación. El nivel de nuestra vibración está relacionado con el grado de alineación que tenemos con la fuente de energía.

Ejercicio 1

1. Piensa en un momento concreto en el que hayas estado triste, preocupado o deprimido. Intenta experimentar ese recuerdo lo más profundamente posible. Intenta recordar lo que sentías o pensabas en ese momento.
2. *Al entrar en ese recuerdo, pon tu atención en cómo te sientes. ¿Sientes tu*

cuerpo pesado? ¿Sientes tu cuerpo duro o tenso? *Descubre por ti mismo qué es lo que estás experimentando cuando vuelves a visitar ese recuerdo.*

3. Ahora repite este ejercicio, pero esta vez piensa en un momento específico en el que hayas experimentado el sentimiento de amor, alegría, felicidad o satisfacción. Experimenta ese recuerdo tan a fondo como sea posible. Al volver a ese recuerdo, ¿cómo es tu sensación de bienestar? ¿Cómo se siente tu cuerpo? ¿Se siente diferente de cuando te sentiste triste, preocupado o deprimido?

4. *Sin ningún tipo de juicio, experimenta la diferencia entre estos dos estados del ser. ¿Qué creó la diferencia en la forma en que te sentías?*

La razón por la que tu cuerpo y tu sensación de ser se experimentaron de forma diferente al revivir tus recuerdos es porque **tu vibración cambió**. Lo más probable es que tu cuerpo y tu sensación de bienestar se sintieran más ligeros y sutiles cuando revivías tus recuerdos positivos en comparación con tus recuerdos dolorosos.

La **frecuencia** de tu vibración era más alta mientras experimentabas pensamientos positivos y era más baja cuando sufrías pensamientos desagradables. Tus pensamientos positivos crearon una **alineación** entre tú y la fuente de energía. Experimentaste sentimientos de pesadez cuando tu vibración bajó, es decir, que perdiste tu alineación con la fuente de energía.

Tus sentimientos son el barómetro de tus relaciones con tu ser esencial, la fuente de energía.

Tu relación con tu ser esencial se refleja en tus sentimientos, y tus emociones son el reflejo de la relación que tienes con los pensamientos.

Tu relación con tus pensamientos se refiere al nivel de atención que les prestas.

Tarea del día 1

Tómate un tiempo a lo largo del día para comprobar tu estado de ánimo.

¿Cuál es tu experiencia con tu cuerpo?

¿Lo sientes suave y sutil o lo sientes pesado y tenso?

¿Experimentas tensión en tu cuerpo o te sientes relajado?

Comprueba también la calidad de tus pensamientos y emociones. ¿Son agradables, neutrales o desagradables?

Independientemente de lo que experimentes con tus pensamientos, tus emociones y tu cuerpo, no intentes cambiarlos ni juzgarlos. Sea cual sea tu experiencia, acepta lo que está ocurriendo en ese momento. El único propósito de la práctica de hoy es ser consciente de lo que te ocurre.

Día 2

La naturaleza del pensamiento

Como se mencionó en el día 1, los pensamientos son fragmentos de información que se generan a través de nuestras interacciones con la experiencia.

Un niño que toca una estufa caliente desarrolla un significado o interpretación instantánea de esa experiencia. Esa interpretación es información, que conocemos como pensamiento. Como nuestro ser físico es parte de un **sistema de conciencia más extenso**, ese pensamiento del niño, a través de la **ley de la atracción**, atraerá pensamientos similares, por ejemplo:

- "Tengo que tener cuidado cuando estoy cerca de las estufas".
- "Las estufas no se tocan".
- "No volveré a hacer eso".

Cuando prestamos mucha atención a los pensamientos que atraemos, creamos lo que denominamos una **creencia**.

Por muy perturbadores que parezcan algunos de nuestros pensamientos, ningún pensamiento tiene poder sobre ti. Los pensamientos carecen de cualquier poder inherente.

Todos los pensamientos derivan su poder de la atención que les damos. En lugar de dejar que nuestros pensamientos nos controlen, tenemos que aprender a **cambiar nuestra relación con nuestros pensamientos**.

La forma de hacerlo se basa en la cantidad de atención que les prestamos.

Enfoque de la atención

Los pensamientos a los que damos nuestra atención se energizan, es decir, se vuelven reales para nosotros. La forma en que experimentamos la vida está determinada por los pensamientos que tenemos. Nuestros pensamientos se convierten en filtros que dan forma a nuestras percepciones. Si tengo el pensamiento de que la gente se mueve por interés propio, desconfiaré de todos aquellos con los que interactúe.

Como nuestras emociones son un reflejo de nuestros pensamientos, nuestro ser emocional estará alineado con nuestros pensamientos y percepciones.

Al centrar nuestra atención en nuestros pensamientos y emociones, los personalizamos. Se convierten en el factor determinante de cómo nos experimentamos a nosotros mismos. Como nos identificamos con nuestra mente y nuestro cuerpo, perdemos nuestra alineación con la fuente de energía.

Todos los aspectos de nuestra vida están influenciados por el lugar en el que enfocamos nuestra atención. En última instancia, la clave para elevar nuestra vibración es dirigir nuestra atención a aquellas cosas que se sienten bien para nosotros.

Para saber qué es lo correcto para nosotros, tenemos que estar en contacto con nuestros sentimientos. Honrar nuestras emociones y centrarnos en lo que apoya a nuestros sentimientos es el principio fundamental para energizar nuestras vidas.

Nuestra relación con el pensamiento

Hay tres tipos generales de relación que tenemos con nuestros pensamientos: la relación inconsciente, el pensamiento positivo y la relación trascendente. El tipo de relación que experimentas está vinculado con tu nivel de conciencia respecto a la naturaleza de tus pensamientos, particularmente el pensamiento conocido como el "yo".

Relación inconsciente

La gran mayoría de **la humanidad tiene una fuerte identificación con sus pensamientos.** En otras palabras, su sentido del yo se basa en los pensamientos que tienen. No pueden distinguir entre ellos mismos y los pensamientos que tienen. Un ejemplo de esto sería una persona que cree:

- "Soy una buena persona".
- *"Soy indigno".*
- "Soy un padre" o "Soy una madre".
- *"He fracasado".*
- "Soy feliz".
- *"Creo que nunca seré feliz".*

Esta es solo una pequeña lista. Si te centras en cualquier pensamiento que tengas sobre ti mismo, contribuirá a la forma en que te experimentas.

Pensamiento positivo

En comparación con el pensamiento o relación inconsciente, el pensamiento positivo es <u>un paso más alto en la conciencia de uno mismo</u>. Esto se debe a que se sabe que los pensamientos positivos son más beneficiosos que los negativos. La ventaja del pensamiento positivo es que **te acercará a la alineación** si crees sinceramente lo que te dices a ti mismo.

La desventaja del pensamiento positivo es que funcionará en tu contra si va en contra de lo que sientes. Un ejemplo de esto es cuando estás en una relación con alguien y luego te apresuras a casarte. En tu corazón, puede que tengas alguna duda sobre la otra persona.

Sin embargo, tu mente sigue poniendo excusas sobre por qué debes seguir adelante con tus planes. Esto me pasó a mí y más tarde, me causó (y a mi exmarido) mucho dolor. En ese momento, yo sabía muy poco acerca de profundizar más en las relaciones.

Cada vez que vamos en contra de nuestros sentimientos, **negamos el mensaje** que nos transmiten. Si seguimos haciéndolo, nos desvinculamos de ellos.

El pensamiento positivo solo es útil y viable a largo plazo, cuando lo que pensamos resuena como verdadero para nosotros.

Relación trascendente

Tener una relación trascendente con nuestros pensamientos requiere de una práctica activa y continua. También requiere estar dispuesto a dejar de lado nuestras creencias más arraigadas.

En este nivel, ya no nos identificamos con ningún pensamiento o creencia que aparezca en nuestra conciencia. Esto no significa que no tengas pensamientos y creencias, sino que ya no te aferras a ninguno de ellos.

En este nivel, **eres simplemente el observador de ellos.** No tienes que alcanzar este nivel para elevar tu vibración. Sin embargo, si experimentas este nivel de conciencia, tu vida se transformará a un grado que pocos podrán comprender.

Lo más importante del día 2 es que debes concentrarte en los pensamientos que te **hacen sentir bien**.

Si tienes pensamientos que no te hacen sentir bien, **estás fuera de alineación** con la fuente de energía. Que no te sientas bien es un síntoma de falta de alineación.

Los dos ejercicios de la página siguiente te permitirán desarrollar una **experiencia directa** con la naturaleza del pensamiento.

Ejercicio 2

Cierra los ojos y relájate.

1. Quiero que imagines una luna llena. Haz que esta imagen sea lo más vívida y real posible y luego déjala ir.
2. Ahora quiero que imagines un gato negro. De nuevo, hazlo lo más real posible y luego déjalo ir.
3. Por último, imagina un vaso de agua. Haz esta imagen tan real como puedas y luego déjala ir.
4. Ahora, abre los ojos.

El ejercicio que acabas de hacer te ofrece algunas ideas profundas sobre cómo puedes elevar tu vibración.

Permíteme explicarte. Supongo que cuando imaginaste la luna llena, el gato negro y el vaso de agua, tuvo poco o ningún impacto en tu experiencia.

Imaginar una luna llena no cambió la forma en que te veías como persona.

Imaginar un gato negro no aumentó ni disminuyó tu sensación de autoestima.

Imaginar un vaso de agua no te hizo sentirte ansioso por el futuro ni culpable por el pasado.

Como ya hemos dicho, **los pensamientos no tienen ningún poder inherente**. Somos nosotros quienes les proporcionamos la atención que les da energía. Nuestros pensamientos adquieren significado para nosotros porque **los hacemos significativos**, y por eso tus imágenes mentales de los tres objetos no tuvieron ningún impacto en ti.

La naturaleza del pensamiento, ya sea el de una luna llena o el de la pérdida de un ser querido, es la misma. Somos nosotros los que le damos el significado a un pensamiento.

Si quieres **elevar tu vibración**, es importante que te sorprendas a ti mismo cuando estás prestando atención a un pensamiento que no te aporta felicidad o bienestar.

Es la personalización de nuestros pensamientos lo que nos hace perder nuestra alineación con la fuente de energía.

Ejercicio 3

1. Siéntate y tómate un momento para relajarte.
2. *Cuando te sientas relajado, mira a tu alrededor, y mientras lo haces fíjate en la calidad de tu experiencia al observar tu entorno. Califica tu experiencia en una escala del 1 al 10, siendo el 1 totalmente aburrido y el 10 agradable y relajante.*
3. Quiero que cierres los ojos y te imagines que eres un viajero de otro planeta. Has venido a la Tierra para conocer este planeta. Como eres de otro planeta, no tienes ningún conocimiento de la vida en la Tierra. No tienes palabras para

describir lo que experimentas, ni tienes recuerdos a los que referirte. Eres una pizarra en blanco mientras experimentas este mundo.

4. *Ahora, abre los ojos y vuelve a mirar a tu alrededor. Cuando termines de observar, valora tu experiencia en una escala del 1 al 10. ¿Notas alguna diferencia entre tu primera y segunda observación? ¿En qué se diferenció tu experiencia de observar con "ojos nuevos" de tus primeras observaciones?*

Tarea del día 2

A lo largo del día, tómate el tiempo necesario para realizar los ejercicios que más te interesan del segundo día. Cuanto más practiques estos ejercicios, más <u>aumentarás la conciencia</u> de tu naturaleza más profunda.

Día 3

Meditación

De todas las prácticas para elevar tu vibración, la meditación es una de las más eficaces.

El problema es que la meditación se enseña a menudo de una forma que disminuye su eficacia. Por lo tanto, no se aprovechan sus beneficios potenciales.

Los siguientes son obstáculos que te impedirán sacar el máximo provecho de la meditación:

Expectativas

Muchas personas que intentan meditar experimentan pensamientos autodestructivos como:

- "¿Lo estoy haciendo bien?".
- *"No está pasando nada"*.
- "Esto es aburrido".
- *"¿Por qué estoy experimentando esto?"*.
- "Esto es una pérdida de tiempo, tengo cosas más importantes que hacer".
- *"Esto es demasiado difícil"*.

Los ejemplos anteriores son prototipos de pensamiento inconsciente. En otras palabras, nos hemos permitido identificarnos con nuestros pensamientos. El propósito de la meditación es aprender a crear distancia entre tú y tus pensamientos.

La meditación es más efectiva cuando aprendemos a **convertirnos en un observador** de nuestras experiencias en lugar de ser partícipe de ellas.

Cuando meditamos, debemos ser como un científico que está observando un pájaro raro. El científico no quiere interferir de ninguna manera con el pájaro. Solo quiere observarlo. Del mismo modo, tú quieres observar todo lo que experimentas.

Observar tus experiencias es ser consciente de ellas. La conciencia de tus experiencias es lo que disminuye tu sentido de identificación con ellas. Es el debilitamiento de **tu auto-identificación** lo que eleva tu vibración.

Ejercicio 4: método de meditación alineada

La siguiente es **una meditación sencilla** que te ayudará a superar los obstáculos y a obtener beneficios.

Antes de explicar la meditación, debes saber que existen tres pautas importantes las cuales son:

1. No tengas ninguna expectativa de lo que deberías experimentar o de lo que no deberías experimentar.
2. **Acepta plenamente** todo lo que experimentes. Esto significa que no debes juzgar, analizar, resistir o tratar de cambiar nada de lo que experimentas.
3. Dado que nuestros pensamientos crean el mayor obstáculo para **elevar nuestra vibración**, esfuérzate por ofrecer una aceptación completa de cualquier pensamiento que puedas experimentar.

Ahora, la meditación:

1. Siéntate en un lugar que te resulte cómodo. No importa si eliges sentarte en una silla o en una almohada. Lo importante es que estés cómodo.
2. *Cierra los ojos y respira normalmente. No hagas ningún esfuerzo ni intentes que ocurra nada. Cualquier cosa que experimentes, permite que suceda.*
3. Ahora pon tu atención en tu respiración. Observa las sensaciones que experimentas cuando el aire entra y sale de tu cuerpo.
4. *Si te encuentras distraído por el pensamiento, simplemente acepta que esto ha ocurrido y devuelve tu atención a la respiración. Haz esto independientemente de las veces que te distraigas.*
5. Cuando te sientas cómodo de poder mantener el foco de tu conciencia en tu respiración durante un periodo de

tiempo (la duración del mismo variará de una persona a otra), deja que tu atención se vaya a donde quiera ir; no intentes guiarla.

6. *Permítete ser consciente de cualquier experiencia que puedas encontrar. Observa tus pensamientos, tus sentimientos, tus percepciones y las sensaciones de tu cuerpo. Sea lo que sea que experimentes, permítete experimentarlo con total aceptación, incluyendo cualquier pensamiento o sensación negativa que puedas experimentar.*

7. Date cuenta de que eres tú quien es consciente de todas tus experiencias. Todo lo que experimentas está constantemente en flujo, cambiando de momento a momento.

8. *No hay ningún pensamiento, percepción, sensación o sentimiento cuya calidad no cambie. Los pensamientos, las sensaciones, los*

sentimientos y las percepciones cambian en su intensidad. Incluso un sentimiento incómodo variará en su intensidad, mientras que otras experiencias aparecen y se desvanecen de la existencia. Permítete observar estos cambios.

9. Observa que, a pesar de que tus experiencias cambian constantemente, hay una cosa que no cambia. Esa cosa es tu conciencia de la experiencia.

10. *Sea lo que sea lo que experimentas, hay una conciencia de ello. La esencia de lo que eres es esta conciencia. Tú no eres tus pensamientos, tus percepciones, sentimientos o sensaciones. Lo que eres, es el reconocimiento de ellos.*

11. Cuanto más practiques esta meditación, más cómodo y eficiente te sentirás al perder la identificación con tus fenómenos mentales.

El ejercicio de meditación anterior es una gran manera de aprender a reducir tu identificación con tus pensamientos.

La razón por la que la práctica de la meditación es tan eficaz para reducir nuestra identificación con los pensamientos es que es directa.

Experimentas por ti mismo que eres el observador del pensamiento en lugar de identificarte con él. Hay otras formas de reducir tu identificación con el pensamiento que son indirectas y requieren más tiempo y esfuerzo.

Traigo esto a colación solo porque me doy cuenta de que no todo el mundo está abierto a la meditación. **Estos métodos alternativos** se pueden encontrar en todas las religiones grandes e incluso en la ética que nos enseñaron de niños.

He aquí algunos ejemplos:

- No juzgar.
- Trata a todo el mundo con respeto.
- Trata a los demás como a ti mismo.
- Ama al prójimo.
- Da más de lo que recibes.

Lo que todos estos ejemplos tienen en común es que nos hacen centrar nuestra **atención en los aspectos positivos de los demás**. Cuando nos centramos en los aspectos positivos de los demás, retiramos nuestra atención de nosotros mismos.

Al retirar nuestra atención de nosotros mismos, **reducimos nuestra identificación personal** con nuestros pensamientos, lo que también hará que tu vibración se eleve.

Tarea del día 3

-El ejercicio que hiciste este tercer día, es tu tarea para hoy. Si puedes, te recomiendo que repitas este ejercicio una segunda vez hoy mismo. La mediación requiere práctica, y este ejercicio era solo para empezar. Te recomiendo que hagas este ejercicio a diario. Medita todo el tiempo que puedas, aunque solo sean unos minutos. Intenta ampliar el tiempo que meditas cada día.

Día 4

Resistencia y aceptación

Una de las características del pensamiento inconsciente es la **resistencia**. Nuestra vida diaria está llena de acontecimientos sobre los que creamos resistencia en nuestro interior.

He aquí una breve lista de ejemplos de cómo creamos esta resistencia:

- **Negamos** o nos resistimos a experimentar ciertos pensamientos, sentimientos o emociones.
- *Aceptamos hacer cosas que no nos apetecen por temor a lo que puedan pensar los demás.*
- No hacemos lo que nos apetece porque creemos que no somos **dignos,** que sería

irresponsable o porque nos preocupa lo que piensen los demás.

- **Hacemos cosas que no nos gustan** *porque creemos que no tenemos elección. Un ejemplo de ello sería trabajar en un empleo que no nos gusta o mantener una relación que* **no nos satisface**.

Recuerda que negar nuestros sentimientos es lo que hace que nos desalineemos con nuestra naturaleza esencial. Estamos muy acostumbrados a crear resistencia dentro de nosotros mismos porque así es como hemos sido llevados por la sociedad. Hemos crecido con mensajes como:

- No seas egoísta.
- *No te pongas en primer lugar.*
- No pienses así.
- *No debes sentirte así.*
- Tienes que ser responsable.
- *No me importa cómo te sientas, solo hazlo.*

Aprender a liberar la resistencia que experimentas es la forma más poderosa de **aumentar tu vibración.**

Ejercicio 5

Este ejercicio es para liberar la resistencia que tienes en tu cuerpo. Haz lo siguiente:

1. Siéntate y relájate como si te estuvieras preparando para meditar.
2. *A continuación, quiero que te concentres en tu cuerpo y notes los mensajes que recibes de él.*
3. Cuando recibas un mensaje de tu cuerpo, quiero que lo honres.
4. *Cualquiera que sea el mensaje que te dé tu cuerpo, quiero que lo honres permitiendo que ocurra.*
5. Deja que tu cuerpo se mueva como quiera. Dedica todo el tiempo que desees a este ejercicio.

Ejercicio 6: el desafío de un día

Este siguiente ejercicio es difícil para la mayoría de la gente, pero es muy poderoso. Quiero que pases un día en el que no hagas nada que no quieras hacer.

Esto significa que si alguien te pide que hagas algo que no quieres hacer, no lo harás. Si sientes que hay algo que deberías hacer, pero no quieres hacerlo, entonces no lo harás.

Obviamente, hay ciertas cosas que no queremos hacer, pero tenemos que hacerlas. No mucha gente quiere hacer sus impuestos, pero tenemos que hacerlo. Cuando te encuentres con una situación así, haz lo siguiente:

1. Piensa en todos los beneficios que obtendrás al hacer la tarea hasta que tu resistencia disminuya.
2. *Busca formas de hacer la tarea más agradable hasta que tu resistencia disminuya. Por ejemplo, organiza una fiesta de la declaración de impuestos en*

la que invitas a sus amigos para poder hacerla juntos.

3. Si las sugerencias anteriores no funcionan, espera hasta que puedas aceptar la situación tal y como es y estés dispuesto a realizar la tarea.

Es importante entender que este ejercicio no tiene nada que ver con la tarea en sí. Se trata de **aprender a cambiar tu percepción de la tarea**. Si no puedes hacer este ejercicio durante un día entero, empieza haciéndolo durante periodos de tiempo más cortos. Aumenta tu capacidad hasta que puedas hacerlo durante un día completo.

Tarea del día 4

Practica el ejercicio 6 diariamente durante períodos de tiempo que te resulten adecuados hasta que puedas hacerlo durante un día completo.

Día 5

El valor para ser tú mismo

La finalidad de la búsqueda espiritual es llegar a conocer la verdad de quién eres. Por ello, podría decirse que el propósito de la práctica espiritual es **desarrollar el valor para ser tú mismo**.

Hace falta valor para llevar tu vida de una manera que corresponda con tu verdad, en lugar de vivir tu vida basándote en las **expectativas de la sociedad**, tu cultura o tu familia.

Hay que tener valor para enfrentarse a la resistencia de los demás. La mayoría de las personas aceptan incuestionablemente las expectativas establecidas por la sociedad en la que viven.

Como ya hemos dicho, **tus pensamientos no son tuyos.** Son la parte de la conciencia colectiva que cada uno de nosotros está aprovechando. Al ser fiel a ti mismo, en la forma en que conduces tu vida, estarás atrayendo aquellos pensamientos que son consistentes con tu verdad.

Ejercicio 7

El propósito de la información y los ejercicios que has leído hasta ahora en este libro era **aumentar tu autoconciencia de tu nivel vibratorio.**

En última instancia, tu nivel vibratorio está determinado por aquello en lo que enfocas tu atención. Dominar tu **habilidad para dirigir tu atención** es dominar tu habilidad para elevar tu vibración. Tu habilidad para dominar tu vibración te permitirá dominar **la ley de la atracción.** El siguiente ejercicio incorpora los elementos clave de los ejercicios anteriores y mejorará tu habilidad para **guiar tu atención.**

1. Siéntate y relájate concentrándote en tu respiración. Puedes cerrar los ojos si lo deseas.
2. *Sé consciente de los pensamientos, sentimientos y emociones que estás experimentando. Esto puede hacerse fácilmente formulando esta pregunta: "¿Lo que estoy experimentando es cómodo, neutro o incómodo?".*
3. Si no te sientes cómodo con lo que estás experimentando, pon tu atención en aquello que hace que tu experiencia sea acogedora. La mejor manera de hacerlo es preguntándote: "¿En qué puedo concentrarme o pensar que me dé una mayor sensación de paz?"
4. *El siguiente paso es escuchar tus sentimientos. A diferencia de tus pensamientos y emociones, puedes confiar en tus sentimientos. Tenemos que ser conscientes de lo que nos dicen nuestros pensamientos y emociones. Sin*

embargo, queremos dejarnos llevar por nuestros sentimientos.

5. Actuar de alguna manera que sea coherente con lo que te dicen tus sentimientos. Vivir nuestra vida de una manera que sea fiel a nuestro corazón es honrar nuestros sentimientos.

Al principio, tendrás que hacerte estas preguntas conscientemente. Si practicas continuamente este ejercicio, tu mente acabará haciéndose estas preguntas automáticamente por ti.

La mente te comunica sus mensajes a través del pensamiento y el cuerpo se comunica a través de las emociones y sensaciones que experimentamos.

Tu ser esencial se comunica a través de los sentimientos que experimentas.

Queremos ser conscientes de los mensajes que nos dan la mente y el cuerpo sin resistirnos, evitarlos o intentar cambiarlos. Queremos escuchar nuestros sentimientos y dejar que nos guíen.

Tarea del día 5

-Durante tu día, aplica **el ejercicio 7 (de la página anterior).**

Conclusión

Este plan de cinco días tuvo como objetivo presentarte diferentes formas de elevar tu vibración, o como hemos dicho antes, energía. Al igual que en la cata de vinos, en donde se te ofrece una muestra de los tipos de vino con sus diferentes técnicas de elaboración para que las pruebes.

Si sigues el plan de cinco días según las instrucciones, experimentarás un cambio en tu conciencia. Cuanto más aumente tu conciencia, más aumentará tu vibración y se realineará con la conciencia de la fuente de energía.

No trates los últimos cinco días como el final, ya que son solo el principio.

Tu tarea final es elegir aquellos ejercicios que te influenciaron y conectaron contigo y practicarlos diariamente, aunque sea durante unos pocos minutos, hasta que experimentes el nivel de vibración que deseas.

Hasta la próxima vez, ¡te deseo lo mejor en tu viaje con la ley de la atracción!

Con amor,

Elena

Más Libros por Elena G.Rivers

Ahora disponibles en tu tienda de Amazon

www.ingramcontent.com/pod-product-compliance
Lightning Source LLC
Chambersburg PA
CBHW051831160426
43209CB00006B/1122